THEO MAYER-MALY

Raumordnung und Privatrechtsgesellschaft

SCHRIFTENREIHE
DER JURISTISCHEN GESELLSCHAFT e. V. BERLIN

Heft 44

W
DE
G

1973

DE GRUYTER · BERLIN · NEW YORK

Raumordnung und Privatrechtsgesellschaft

Von

Dr. Theo Mayer-Maly

Professor an der Universität Salzburg

Vortrag
gehalten vor der
Berliner Juristischen Gesellschaft
am 22. März 1972

1973

DE GRUYTER · BERLIN · NEW YORK

ISBN 3 11 004276 2

Vorwort

Diese Ausarbeitung eines am 22. März 1972 vor der Berliner Juristischen Gesellschaft gehaltenen Vortrages setzt es sich zum Ziel, den Sinn jenes Stückes von § 1, Abs. 1 des Raumordnungsgesetzes des Bundes zu verdeutlichen, in dem die freie Entfaltung der Persönlichkeit in der Gemeinschaft als Aufgabe der Raumordnung bezeichnet wird. Daher wird vor allem die Frage diskutiert, ob in einer marktwirtschaftlich organisierten Privatrechtsgesellschaft eine effektive Raumordnung etabliert werden kann. Prinzipielles und auch Ideologisches haben an einer derartigen Auseinandersetzung notwendigerweise einen beträchtlichen Anteil, Konkretes und Technisches tritt zurück. Gerade deshalb möchte ich darauf hinweisen, daß die hier vorgetragenen Überlegungen im Zug der Ausführung einer relativ praxisnahen Aufgabe entstanden sind. Sie beruhen auf Erfahrungen, die ich bei einer im Auftrag der Landesregierung von Salzburg unternommenen Analyse der Erfahrungen mit dem Salzburger Raumordnungsgesetz und einer damit verbundenen Prüfung von Vorschlägen zu seiner Weiterentwicklung gemacht habe*.

Salzburg, im Herbst 1972   Theo Mayer-Maly

---

* Vgl. Mayer-Maly, Rechtsfragen der Raumordnung. Forschungsauftrag der Landesregierung Salzburg. Schriftenreihe der Österreichischen Gesellschaft für Raumforschung und Raumplanung 17, Wien 1972.

I. Raumordnung und Privatrecht

Der bedeutende französische Rechtsdenker Georges *Ripert* hat dem 2. Kapitel seines 1949 erschienenen Buches „Le déclin du droit" die Überschrift gegeben: „Tout devient droit public". Die bisherige Entwicklung der juristischen Diskussion über die Raumordnung[1] scheint dieser Diagnose recht zu geben. Ebenso wie zum Umweltschutz[2] und zur Stadtsanierung[3] liegt der Schwerpunkt der proponierten Regelungsvorschläge beim öffentlichen Recht. Zivilisten beteiligen sich nur selten an den Auseinandersetzungen über die Art der Bewältigung dieser vitalen Zukunftsaufgaben. Ist die rechtstechnische Perfektion ihres Metiers am Ende wirklich umgekehrt proportional zu seiner aktuellen gesellschaftlichen Bedeutung? Konzentriert sich das intellektuelle Potential unserer Jurisprudenz bei so anspruchsvollen Themen wie dem Gesamtschuldausgleich und der Bereicherung im Dreieckverhältnis, während die Grundlage aller dieser Überlegungen — die „Privatrechtsgesellschaft"[4] — durch öffentlichrechtliche Gestaltungen nach wirklichen oder vermeintlichen Sachzwängen grundlegend verändert wird? Reduziert nicht der erneute Ruf nach einem Bodenrecht[5] die zivilrechtliche Ordnung des Eigentums auf Regeln über den Umgang mit Fahrnis?

[1] Vgl. etwa *Breuer*, Die hoheitliche raumgestaltende Planung, 1968; *Forsthoff-Blümel*, Raumordnungsrecht und Fachplanungsrecht, 1970; *Korinek*, Verfassungsrechtliche Aspekte der Raumplanung, 1971.

[2] Vgl. für Deutschland M. *Rehbinder*, ZRP 1970, 250 ff.; *Rupp*, JZ 1971, 401 ff.; W. *Weber*, DVBl. 1971, 806 ff.; für Österreich *Wimmer*, ÖJZ 1971, 645 ff.; zu den vom Privatrecht im Rahmen der Immissionsbegrenzung bereitgestellten Handhaben vgl. *Kleindienst*, Der privatrechtliche Immissionsschutz, 1964; *Westermann*, Welche gesetzlichen Maßnahmen zur Luftreinhaltung und zur Verbesserung des Nachbarrechts sind erforderlich? 1958; *Roth*, NJW 1972, 921 ff.

[3] Dazu schon „Städteerneuerung und Eigentumsordnung", Schriftenreihe der Hochschule Speyer 21 (1964); zu mit dem Städtebauförderungsgesetz zusammenhängenden Fragen *Kimminich*, Rechtsgutachten zu den eigentumsrechtlichen Bestimmungen des Entwurfs eines Städtebau- und Gemeindeentwicklungsgesetzes, 1969; über die österreichischen Bemühungen um ein Assanierungs- und Bodenbeschaffungsgesetz vgl. *Korinek*, in: Berichte und Informationen, Heft 1287, S. 9 und Heft 1312, S. 3.

[4] Vgl. Franz *Böhm*, Privatrechtsgesellschaft und Marktwirtschaft, Ordo 1966, 75 ff.

[5] Zu den Anfängen des Gedankens eines Bodenrechtes *Wieacker*, Bodenrecht, 1937, aber auch die Vorbehalte von F. *v. Hippel*, AcP 147 (1941) 207 ff.; neuere Bedenken gegen jedwede Systembildung nach Lebensgebieten bei *Bydlinski*, Arbeitsrechtskodifikation und allgemeines Zivilrecht (1969)

Es wäre absurd, wollte der Zivilist die Entwicklungen, die
von der Städtebauförderung und der Bodenbeschaffung, von
der Landesplanung und dem Umweltschutz ausgehen, pauschal
als Angriff auf die fundamentalen Institutionen einer freiheitlichen Privatrechtsordnung diskriminieren. Es wäre aber gefähr-
lich, wollte er dafür halten, daß es sich um Prozesse handle, die
seinen Bereich nur am Rande berühren. Vielmehr ist es geboten,
sich nach dem Vorbild von *Reinhardt*[6] neuerlich die Frage vor-
zulegen, wie die Substanz des Privatrechts[7] gegenüber den tief-
greifenden Veränderungen bestehen soll, die mit der öffentlich-
rechtlichen Bewältigung unabweislicher Gegenwartsaufgaben
unweigerlich verbunden sind.

In zweifacher Weise berührt das Raumordnungsrecht (wie
auch das Recht der Städtebauförderung mit seinen Facetten der
Bodenbeschaffung und der Altbausanierung) die Basis der
Arbeit des Zivilisten:

a) im Hinblick auf den Inhalt eines Grundbegriffes des Privatrechts — des Eigentumsbegriffes;

b) im Hinblick auf den Charakter der Gesellschaft, in der das
   Privatrecht gilt, als „Privatrechtsgesellschaft".

Der Wandel des Eigentums, zu dem die Raumordnung zu
drängen scheint, manifestiert sich in einer Beschränkung der
Möglichkeit der Bodennutzung. Für manche[8] geht diese so weit,
daß eine neue Funktionsteilung des Eigentums bevorzustehen
scheint — vergleichbar der Unterscheidung zwischen dominium
directum und dominium utile[9], mit der man von den Postglossa-
toren bis ins 19. Jahrhundert hinein die Auffassung des Eigen-

---

12 f. und *Canaris,* Systemdenken und Systembegriff in der Jurisprudenz
(1969) 34 f.; nicht erfaßt wird diese Problematik von *Kühne,* Das Bodenrecht, 1970. Vgl. aber *Henrich-Kerber,* Eigentum und Bodenrecht, 1972.

[6] Bei *Reinhardt-Scheuner,* Verfassungsschutz des Eigentums (1965) 3 ff.

[7] Neben den Problemen, die die Substanz des Privatrechts berühren, steht
eine Fülle mehr rechtstechnischer Beziehungen der Raumordnung zum Privatrecht. So kommt es hier wie auch sonst im öffentlichen Recht mehrmals zur
Indienstnahme privatrechtlicher Figuren und Institutionen (wie etwa des
Vorkaufsrechts; zu dessen Funktionen im Bodenrecht vgl. *Bielenberg,* Verh.
d. 49. Dt. Juristentages I B 56 ff.).

[8] „Funktionen und Schranken des Grundeigentums in der heutigen
Rechtsordnung", Studienarbeit der Sozialwissenschaftlichen Arbeitsgemeinschaft (Wien, ohne Jahr).

[9] Zu dieser *Kreller,* Grundlehren des gemeinen Rechts (1950) 186.

tums durch den Feudalismus zu bewältigen suchte. Das Recht zur Determinierung der Nutzungsmöglichkeiten, das man aus der Berufung zur Raumordnungspolitik herleitet, ist jedenfalls nicht ohne Entsprechung zum dominium eminens vergangener Tage. Fehlen auch im Raumordnungsgesetz des Bundes bisher Bestimmungen, die Enteignungen ermöglichen, so lehrt doch ein Blick auf andere gesetzliche Regelungen der Raumordnung, daß der volle Zugriff auf Eigentum zum Regelungsinventar des Raumordnungsrechts gehört. Spezifischer und häufiger ist aber nicht der Eigentumsentzug, sondern die Eigentumsbeschränkung. Auch mit dieser geht das positive Recht des Bundes — aber auch die Ordnung der Landesplanung — bisher sehr behutsam um. Es läßt sich aber nicht übersehen, daß jedwede Raumordnungspolitik, die effektiv werden will, auch zu massiven Nutzungsbindungen, anderen Eigentumsbeschränkungen und eben auch zu Enteignungen gelangen muß[10]. Man mag die Festlegung des Bereiches, dem als Eigentumsinhalt Verfassungsgarantie zukommt, dem Belieben der einfachen Gesetzgebung mehr oder weniger entziehen[11], an der Veränderung des Charakters des Eigentums ist kaum zu zweifeln.

Mit dem Eigentum ändert sich aber auch der Charakter der Gesellschaft, die in ihrem Rechtsleben den privatrechtlichen Verkehrsgeschäften zentrale Bedeutung zuweist und die deshalb von Franz *Böhm*[12] mit Recht als Privatrechtsgesellschaft gekennzeichnet wurde. Als Privatrechtsgesellschaft ist die von der französischen Revolution angestrebte Gesellschaft von Gleichberechtigten anzusehen, in der sowohl die individuelle Bedürfnisbefriedigung wie die Gemeinwohlverwirklichung vor allem

---

[10] Für die ähnlich gerichteten Kräfte, die von der Entwicklung des städtischen Bodenrechts freigesetzt werden, ist es kennzeichnend, daß *Bielenbergs* dem 49. Dt. Juristentag über die Frage „Empfehlen sich weitere bodenrechtliche Vorschriften im städtebaulichen Bereich?" (Verh. d. 49. Dt. Jt., B 9 ff.) vorgelegtes Gutachten drei den institutionellen Gehalt des Eigentums empfindlich tangierende Vorschläge machte: a) Zurücknahme der Grenze des Nutzungsmöglichkeiten zukommenden Eigentumsschutzes, wobei die Nutzungsmöglichkeit im so freigesetzten Bereich nur mehr als *Chance* verstanden werden soll (B 46). b) Erweiterung der Zahl der Enteignungsgründe (B 77). c) Vermehrung der Zahl der Fälle, in denen Planungsschäden unersetzt bleiben (B 49).
[11] Selten wurde dem einfachen Gesetzgeber mehr Belieben zugestanden als von *Unkart* (Juristische Blätter 1966, 298 ff.), einem österreichischen Fachmann der Raumordnung; gegen ihn *Koziol*, Juristische Blätter 1966, 333 f.
[12] Ordo 1966, 75 ff.

durch die selbstverantwortlichen Dispositionen der Einzelnen
bewerkstelligt werden sollen. Der Vertrag, der die hauptsäch-
liche Rechtsform dieser Dispositionen bildet, erscheint dabei
nicht bloß als Willensbetätigung, sondern vor allem als Funktion des Eigentums. Dieses an die Güterzuordnung anknüpfende
Verständnis des Vertrages setzt spätestens mit *Grotius* ein[13],
dominiert im preußischen ALR[14] und bildet auch die Grundlage
der sozialdemokratischen Privatrechtskritik von Karl *Renner*[15].
Man muß keineswegs die ordoliberalen Konzeptionen von
Böhm[16] akzeptieren, um den Konnex zwischen Eigentumsordnung und Privatrechtsgesellschaft anzuerkennen. Überdies ist es
kaum bestreitbar, daß das „Sozialmodell"[17] des BGB dem einer
Privatrechtsgesellschaft nahekommt. Die Modifikationen, die
das Sozialmodell des Grundgesetzes gebracht hat, gehen nicht so
weit, daß die Gesellschaft, die das geltende deutsche Recht als
Norm beachtet, überhaupt keine Privatrechtsgesellschaft mehr
wäre. Wohl aber könnte eine Umgestaltung des Eigentums
durch Raumordnung und Bodenrecht, durch Umweltschutz und
Daseinsvorsorge zu einer Veränderung führen, die das Sozialmodell von BGB und Grundgesetz irreal werden ließe. Dies
sage ich nicht, um zur Verteidigung einer freiheitlich-demokra-
tischen Grundordnung aufzurufen oder sonst ein Engagement zu
postulieren, sondern um die heute vielberufene Bewußtseins-
bildung anzuregen. Es muß gesehen werden, daß es nicht selbst-
verständlich, sondern problematisch ist, wenn man zugleich
Raumordnung und wertbeständige Vermögensbildung anstrebt,
wenn man den Umweltschutz forciert und doch vom Rechtsstaat
keine Abstriche machen will[18].

---

[13] Zu seinem Veständnis des Versprechens als Rechtsübertragung vgl.
Diesselhorst, Die Lehre des Hugo Grotius vom Versprechen (1959) 51 f.
und 55.

[14] Das ALR präsentiert im 11. Titel seines 1. Teiles die Verträge als Titel
zur Erwerbung des Eigentums.

[15] Die Rechtsinstitute des Privatrechts und ihre soziale Funktion (Ausgabe
1965, hg. v. Kahn-Freund) 87 ff.

[16] Zu ihrer Kritik *Runge*, Antinomien des Freiheitsbegriffes im Rechtsbild
des Ordoliberalismus, 1971.

[17] Zur Relevanz der Sozialmodelle von Regelungsentwürfen *Wieacker*,
Das Sozialmodell der klassischen Privatrechtsgesetzbücher und die Entwicklung der modernen Gesellschaft, 1953.

[18] Bemerkenswert die ebenso unpopuläre wie offene und mutige Ver-
neinung eines absoluten Vorranges des Umweltschutzes im Urteil des OVG
Münster v. 12. 4. 1972, DB 1972, 1428.

Der Zivilist hat es also mit einer zweifachen Herausforderung zu tun. Er würde das Ausmaß seiner Aufgabe verkennen, wollte er meinen, sich diesen Problemen gegenüber in Indifferenz hüllen und sich auf klassische Fragestellungen zurückziehen zu können. Er würde nicht verstanden werden, wollte er sich mit Kassandrarufen über die Aushöhlung des Privatrechts durch Raumordnung und Umweltschutz, durch Wirtschaftsverwaltung und Bodenrecht begnügen. Realistisch und chancenreich ist nur eine Haltung, die mit einer kräftigen Entfaltung und Wirkung dieser neuen Rechtsbereiche rechnet, die aber andererseits ein Konzept entwickelt, das zeigt, wie das Privatrecht dennoch fortzubestehen vermag.

Um aber zunächst einmal zu erheben, ob Raumordnungspolitik nur möglicherweise oder doch notwendig den Inhalt des Eigentums im wesentlichen verändert, und zugleich zu prüfen, ob einer Privatrechtsgesellschaft wirklich effektive Raumordnung verwehrt ist, ist es geboten, die definitorischen Aussagen über die Raumordnung auf ihr Verhältnis zu Eigentum und Privatrechtsgesellschaft zu befragen. Definitionen von Rechtlichem sind eben nicht, wie man in der Zeit des Kampfes gegen die Begriffsjurisprudenz gemeint hat, bloß eine Sache didaktischer Zweckmäßigkeit. Der Rechtsbegriff wird häufig zur Manifestation einer Wertung. Das gilt auch vom Begriff der Raumordnung.

II. Wertungselemente im Raumordnungsbegriff

Über den Rechtsbegriff der Raumordnung herrscht überraschend wenig Einigkeit[19]. Definiert man die Raumordnung etwa als „das raumbezogene Verhalten eines hoheitlichen Ordnungsträgers, der ein gegebenes Raumgefüge nach bestimmten Gesichtspunkten verändern will"[20], so vernachlässigt man die Ordnungsqualität der jeweils vorgefundenen, gewachsenen Situation. So groß deren Defekte auch immer sein mögen — es bildet eine Hauptgefahr jeder Raumordnungspolitik, daß sie mit dem Streben nach Veränderung leicht zur Ausschaltung bis-

---

[19] Vgl. W. *Ernst*, Bundesbaublatt 1962, 160; *Korinek*, Verfassungsrechtliche Aspekte der Raumplanung (1971) 5 ff.; *Mayer-Maly*, Rechtsfragen der Raumordnung (1972) 9 ff.; *Tenbruck*, Ztschr. f. Politik 13 (1966) 113.

[20] So *Franke*, Kommunalrechtliche Organisationsmittel als Mittel zu regionaler Raumordnung, Kölner Diss. (1969) 8.

her funktionierender, oft gar nicht voll bewußt gewordener Ordnungsstrukturen gelangt. Eine typische Berufsgefahr für alle raumordnerisch Tätigen besteht darin, das Bestehende schon deshalb, weil man es noch nicht verändert hat, geringer zu achten als das Geplante. Dabei wird regelmäßig übersehen, daß aktuelle Zustände, mögen sie noch so reformbedürftig sein, als Entwicklungsresultat eine einigermaßen eingespielte Gleichgewichtslage darstellen, in die erst eingegriffen werden sollte, wenn man die zu gewärtigenden Sekundäreffekte kalkuliert hat. Deshalb, weil von jedem raumordnerischen Postulat zu fordern ist, daß es zunächst einmal einen adäquaten Ersatz für alle bisher wirksamen Ordnungsfaktoren bezeichnet, gebührt einem dreifach abgestuften Raumordnungsbegriff der Vorzug. Raumordnung ist zu sehen

a) als gegenwärtiger Zustand mit Ordnungswirkung,
b) als für die Zukunft entworfenes Leitbild,
c) als Bündel von Maßnahmen, die die Entwicklung des gegenwärtigen Zustandes im Sinne des für die Zukunft erarbeiteten Leitbildes steuern.

Angesichts dieser und weiterer Schwierigkeiten bei der Fassung des Raumordnungsbegriffes kann man es dem Gesetzgeber des Raumordnungsgesetzes des Bundes nicht verdenken, daß er bei der Ausnützung der durch Art. 75, Z. 4 GG geschaffenen Kompetenz zur Rahmengesetzgebung auf eine Legaldefinition der Raumordnung verzichtet hat. Man meinte, bei dem weitgespannten Inhalt der Raumordnungsaufgabe hätte eine Legaldefinition so allgemein gehalten sein müssen, daß sie praktisch nutzlos geblieben wäre[21]. Auch hielt man es nicht für sinnvoll, die Dynamik des Raumordnungsbegriffs durch eine Legaldefinition zu bremsen. Die Redaktoren des schweizerischen Entwurfs eines Bundesgesetzes über die Raumplanung scheuten ebenfalls vor einer Legaldefinition zurück. Man sagte bloß, daß zu den Anforderungen der Raumordnung die zweckmäßige Nutzung des Bodens und eine geordnete Besiedelung des Landes gehören (Art. 2, Abs. 2).

Viel mehr Definitionsfreude legten die österreichischen Landesgesetzgeber an den Tag[22]. Ihnen ist ein aus 1954 stammendes

---

[21] *Zinkahn-Bielenberg*, Raumordnungsgesetz des Bundes (1965) 13.
[22] Vgl. *Mayer-Maly*, Rechtsfragen der Raumordnung (1972) 11 ff.

Erkenntnis des Verfassungsgerichtshofes[23] vorangegangen, das Raumordnung als „planmäßige und vorausschauende Gesamtgestaltung eines bestimmten Gebietes in bezug auf seine Verbauung, insbesondere für Wohn- und Industriezwecke einerseits und für die Erhaltung von im wesentlichen unbebauten Flächen andererseits" definierte. Dieser Begriffsbestimmung war es allerdings noch nicht gelungen, die Raumordnungsaufgabe hinreichend von der Fixierung auf Verbauungsprobleme zu emanzipieren — was ja auch in Deutschland nur allmählich gelungen ist[24]. Die Landesgesetze dagegen haben diese Emanzipation bewerkstelligt. Sie definieren die Raumordnung als „koordinierte Vorsorge für eine geordnete, den Gegebenheiten der Natur und dem zusammengefaßten öffentlichen Interesse im Lande entsprechende Flächennutzung"[25] oder anspruchsvoller als „die planmäßige Gestaltung eines Gebietes zur Gewährleistung der bestmöglichen Nutzung und Sicherung des Lebensraumes im Interesse des Gemeinwohles unter Bedachtnahme auf die natürlichen Gegebenheiten sowie die abschätzbaren wirtschaftlichen, sozialen und kulturellen Bedürfnisse der Bevölkerung und die freie Entfaltung der Persönlichkeit in der Gemeinschaft"[26]. In nahezu allen derartigen Begriffsbestimmungen der Raumordnung anzutreffende Definitionselemente sind

a) die Qualifikation der Raumordnung als planmäßige und vorausschauende Gestaltung;

b) die Bezugnahme auf wirtschaftliche, soziale und kulturelle Erfordernisse;

c) die Orientierung am Gemeinwohl;

d) der Hinweis auf die Bindung an natürliche Gegebenheiten;

e) der Ausdruck des Strebens nach Optimierung von Nutzungsmöglichkeiten.

Die landesgesetzlichen Definitionen der Raumordnung in Österreich gemahnen stark an die definitorischen Aussagen über die Landesplanung, die man in deutschen Landesplanungsgesetzen antreffen kann. Das gilt schon einmal für die auch hier

---

[23] VfGH Slg. 2674.
[24] Zur Emanzipation der Raumordnung von baurechtlichen Themen vgl. *Ernst*, Bundesbaublatt 1960, 131; *Freisitzer*, Soziologische Elemente in der Raumordnung (1965) 22.
[25] § 1, Abs. 1 des Salzburger Raumordnungsgesetzes 1959/68.
[26] § 1, Abs. 2 des oberösterreichischen Raumordnungsgesetzes 1972.

immer wieder begegnende Bezugnahme auf soziale, kulturelle und wirtschaftliche Erfordernisse, aber auch für die Erfassung des Plancharakters der Raumordnung und der Landesplanung. Vorausschauende Gestaltung anzustreben, ist ja die Eigenart des Planens[27].

Neben diesen gesamtgesellschaftlichen Akzenten in den definitorischen Aussagen über die Raumordnung finden wir jedoch auch individualbezogene, die besser in eine Privatrechtsgesellschaft passen. So sprechen die Raumordnungsgesetze von Nieder- und Oberösterreich ebenso wie das Landesplanungsgesetz von Baden-Württemberg von der *freien Entfaltung der Persönlichkeit* als einem Ziel der Raumordnung bzw. der Landesplanung. Man würde also die *Spannweite des Raumordnungsgedankens* verkennen, wollte man ihn auf planwirtschaftliche Konzepte und antiindividualistische Grundhaltungen fixieren. Es zeigt sich vielmehr, daß wir es mit einem Spannungsverhältnis zwischen verschiedenartigen Raumordnungskonzepten zu tun haben. Dessen Erfassung wird durch definitorische Aussagen über die Raumordnung — seien sie nun Legaldefinitionen oder jurisprudentielle Begriffsbestimmungen — angereizt und erleichtert. Der Wertungsbezug der juristischen Begriffsbildung manifestiert sich auch zu diesem Thema.

III. Die Raumordnung zwischen Planwirtschaft und Persönlichkeitsentfaltung

Privatrechtsgesellschaft und Planwirtschaft stehen zueinander im Verhältnis prinzipieller Unverträglichkeit. Die Zahl der Vermittlungs- und Kombinationsversuche ist dennoch groß. Sie scheinen praktikabel, so lange eines der gegensätzlichen Prinzipien dominant bleibt. Versucht man aber, Feuer und Wasser ebenbürtig zu mischen, entsteht kein funktionsfähiges System. Die Erfahrungen mit vielen Ansätzen zu einer Teilrezeption marktwirtschaftlicher Modelle durch sozialistische Staaten sind unter diesem Aspekt lehrreich. Dem Unternehmen, in marktwirtschaftlich organisierte Gesellschaften mehr Planung hineinzutragen[28], scheinen entsprechende Grenzen gesetzt zu sein.

---

[27] Vgl. *Scheuner*, in: Planung I (hg. v. J. Kaiser) 73; zu weiteren Definitionen des Planes *Breuer*, Die hoheitliche raumgestaltende Planung (1968) 36 ff.

[28] Vgl. die Dokumentation bei J. H. *Kaiser*, Planung, 5 Bde (ab 1965).

Die Gegensätzlichkeit von Planwirtschaft und Privatrechtsgesellschaft ergibt sich daraus, daß es die Eigenart der Privatrechtsgesellschaft ausmacht, das Privatrecht nicht nur zur Gestaltung eines mehr oder weniger limitierten Sektors (wie es ihn auch in sozialistischen Staaten gibt) einzusetzen, sondern das Privatrecht als allgemeines (freilich nicht als einziges) Prinzip für die Gestaltung aller Lebensverhältnisse anzuerkennen. Es wird also eine gesellschaftliche Bedeutung der individuellen Dispositionen zugrunde gelegt. Es verkürzt die Problematik, wenn man die Privatrechtsgesellschaft als eine auf Eigentum und Vertrag basierende Ordnung etikettiert. Um ihr Wesen zu erfassen und ihrem Selbstverständnis gerecht zu werden, muß man sie als Ordnung des autonomen Handelns sehen, die darauf baut, daß individuelle Spontaneität dem planenden Entwurf der Obrigkeit grundsätzlich überlegen ist[29]. Für unser Thema kann dabei zweierlei dahingestellt bleiben:

a) ob die Erwartungen, die Ordoliberale und Paläoliberale in die Automatik der anonymen, entweder veranstalteten oder prästabilierten Handelnsordnung setzen, auf eine ausreichend realistische Erfahrungsbasis gestützt werden können;

b) wie die Voraussetzungen (Kräftegleichgewicht, Rechtsstaat, Mobilität) beschaffen sein müssen, damit die spontane Handelnsordnung in Funktion treten kann.

Zur Diskussion stehen nicht diese Bedingungen und Voraussetzungen der Privatrechtsgesellschaft, sondern ihre Vereinbarkeit mit raumordnerischer Planung. Es ist ja unbestreitbar, daß keine Raumordnung ohne Planung auskommen kann. Der Blick auf die bisherigen Versuche einer Definition der Raumordnung hat sogar gezeigt, daß sie als vorausschauende Gesamtgestaltung *wesentlich Planung ist.* Damit stellt sich die Frage, ob es in einer Privatrechtsgesellschaft ohne schwerwiegende Inkonsequenz und Systemwidrigkeit möglich ist, eine effektive Raumordnung zu etablieren. Oder setzt man mit jeder ernsthaft betriebenen Raumordnung einen entscheidenden Schritt zum Konstruktivismus hin? Wird die Privatrechtsgesellschaft durch die Raumordnung aus den Angeln gehoben?

---

[29] Als Konstruktivismus kritisiert F. A. *Hayek,* Die Irrtümer des Konstruktivismus (1970) die planwirtschaftliche Konzeption.

Ein Blick auf die *Entwicklung des Raumordnungsgedankens*[30] zeigt, daß die eben gestellten Fragen nicht leichthin verneint werden können. Entscheidende Impulse entstammen der Ära des Nationalsozialismus[31]. Es ist kein Zufall, daß das Wort „Raumordnung" 1935 mit Erlässen über die Reichsstelle für Raumordnung[32] seinen Einzug in die deutsche Rechtssprache hielt. Mit der Schaffung der Reichsstelle für Raumordnung wurde die Landesplanung aus ihrem bisherigen Zusammenhang mit dem Wohn- und Siedlungswesen bzw. der Stadtplanung gelöst und einer Zentralbehörde übertragen. Landesplanungsgemeinschaften wurden als juristische Personen des öffentlichen Rechtes gebildet. Sie sollten jene Planungen erarbeiten, über die dann von den Planungsbehörden hoheitlich zu entscheiden war. Eine Reichsarbeitsgemeinschaft für Raumforschung wurde zum Träger der wissenschaftlichen Forschung gemacht. Die Arbeitsteilung zwischen Landesplanungsgemeinschaften und Landesplanungsbehörden hat sich bewährt und wurde nach 1945 fortgeführt.

Viele Elemente der nationalsozialistischen Ideologie waren dem Raumordnungsgedanken förderlich. Das Schlagwort „Gemeinnutz geht vor Eigennutz" motivierte die neuen Beschränkungen des Liegenschaftseigentums. Im Zeichen der Rede von „Blut und Boden" konnte für das Volk eine vorrangige Verfügungsgewalt über Immobilien beansprucht werden. In einem „Volk ohne Raum" war viel Raum für rücksichtenfreie Raumordnung.

Über diesen Schlagworten voll nebuloser Romantik darf jedoch nicht vergessen werden, daß der Nationalsozialismus — vor allem in der ersten Zeit nach der „Machtübernahme" — nicht nur eine Spielart des Nationalismus, sondern auch eine Verformung des Sozialismus war. Wenn heutige Faschismus-Kritik den Nationalsozialismus als ein Phänomen des Spätkapitalismus etikettiert, so erfüllt sie eine bedenkliche Alibi-Funktion und leistet Verdrängungshilfe. Der Nationalsozialismus adaptierte neben Elementen der bürgerlich-nationalen

[30] Vgl. F. *Hoffmann*, Die Entwicklung der Raumordnung und Landesplanung bis zum Bundesraumordnungsgesetz, 1968.

[31] Richtig *Klotz*, DÖV 1967, 184 f.

[32] RGBl. 1935 I 793 und 1515.

Tradition auch Segmente sozialistischer Programme. Seine Vierjahrespläne, aber auch seine Ausgestaltung der Raumordnung stehen der sozialistischen Komponente des Nationalsozialismus näher als der nationalen.

Es haben also die nicht Unrecht, die sagen, Raumordnung dränge ihrem Wesen nach zu Zentralisierung und Egalisierung[33]. Die französische planification hat den Raumordnungsgedanken kräftig unterstützt[34]. Alle sozialistischen Staaten geben ihm breiten Raum[35]. Verträgt sich die Etablierung von Raumordnung also doch nicht mit der Entscheidung für eine Privatrechtsgesellschaft?

Trotz des Plancharakters aller Raumordnung und trotz vielfacher historischer Verflechtung mit planwirtschaftlicher Ablehnung der Privatrechtsgesellschaft wäre es falsch, die Möglichkeit einer funktionsfähigen Raumordnung in einer Privatrechtsgesellschaft zu bestreiten. Es ist deshalb auch nicht nötig, den positiven Regelungen, die die freie Entfaltung der Persönlichkeit unter den Raumordnungszielen nennen[36], Widersprüchlichkeit oder Unaufrichtigkeit anzulasten. Erst recht verfehlt wäre es, diese Programme auf jene Art der freien Persönlichkeitsentfaltung zu beziehen, die Protagonisten eines Konstruktivismus meinen: eine Freiheit, die nur über die Entwicklung eines geforderten Bewußtseins, über die Einsicht in das gesellschaftlich Richtige gewonnen werden kann. Die freie Entfaltung der Persönlichkeit, mit der Normen des deutschen Raumordnungsrechts den Art. 2, Abs. 1 GG und österreichische Bestimmungen den § 16 ABGB konkretisieren, ist Freiheit zu Beliebigem, nicht zu vorgeblich Richtigem. Ihre Grenze liegt im Recht, nicht in den Dogmen eines Bekenntnisses.

Die Vereinbarkeit von Raumordnung und freier Persönlichkeitsentfaltung wird besser verständlich, wenn man sich die

---

[33] Franke a. a. O. (A. 20) 13.

[34] Vgl. *Thumm*, Die Regionalpolitik als Instrument der französischen Wirtschaftspolitik, 1968; *Dietrichs*, Bundesbaublatt 1965, 110 ff.

[35] Vgl. für die CSSR *Hruska*, in: Raumforschung und Raumordnung 23 (1965) 65 ff. und für Rumänien *Gusti*, Archiv f. Kommunalwissenschaften 7 (1968) 110 ff.

[36] § 1, Abs. 1 des Landesplanungsgesetzes Baden-Württemberg; § 1, Abs. 1 des Raumordnungsgesetzes des Bundes; § 1, Abs. 1 des niederösterreichischen und § 1, Abs. 2 des oberösterreichischen Raumordnungsgesetzes.

Typenbildung vor Augen hält, die *Mackensen*[37] vorgenommen
hat. Er unterscheidet:

a) Raumordnung bei planwirtschaftlicher Zentralverwaltung;
b) Raumordnung bei liberalwirtschaftlicher Zentralverwaltung;
c) Raumordnung bei liberalwirtschaftlicher Föderalverwaltung.

Zum ersten Typ gehört neben der Raumordnung der sozialistischen Staaten die des nationalsozialistischen Deutschland. So
nachhaltig sich die 1933 einsetzende Institutionalisierung der
deutschen Raumordnung auf deren weitere Entwicklung aus-
wirkte, so geht doch auch aus der Geschichte der Raumordnung
in Deutschland mit aller Deutlichkeit hervor, daß Raumordnung
und Privatrechtsgesellschaft nicht unvereinbar sind.

Die nationalsozialistische Planwirtschaft hat die deutsche
Raumordnung zwar in vielfacher Weise ausgebaut und gefestigt,
aber nicht geschaffen. Am Anfang stand vielmehr die Stadt-
kritik[38]. Die 1910 im Ruhrgebiet erfolgte Gründung einer
Grünflächenkommission[39] zeigt, wie nahe Raumordnung und
Umweltschutz seit ihren Anfängen miteinander verbunden sind.
Hier und in Berlin, wo die ersten Ansätze zur Raumordnung
einen weiteren Schwerpunkt hatten, war man weit davon ent-
fernt, die vorgefundene Privatrechtsgesellschaft als solche in
Frage zu stellen. Vielmehr dominierte — ähnlich wie bei den
ersten Gesetzen zur Beseitigung sozialpolitischer Mißstände —
konservatives Ordnungsdenken (das freilich ohnedies traditio-
nell bereit ist, Eigentum in Pflicht zu nehmen). Auch in England
stehen Konservative am Anfang des raumordnerischen Be-
mühens. Das gilt namentlich für den Barlow-Report von 1940,
der zur Grundlage des Town and Country Planning Act von
1947 wurde. Das eindrucksvollste Beispiel aus neuerer Zeit wird
aber von der Arbeit an einem schweizerischen Bundesgesetz über
die Raumplanung dargeboten. Nachdem die Bundesverfassung
ergänzt worden war (Art. 22 ter und quater), um eine bodenrechtliche Kompetenzgrundlage zu gewinnen, erstellte eine
Expertenkommission unter *Schürmann* einen Entwurf, der vorzüglich zeigt, wie ein durchaus effizientes Instrumentarium der

---

[37] Raumordnungspolitik europäischer Staaten, in: Informationsbriefe für
Raumordnung 7.1.3 (1970), S. 7.

[38] Treffend *Lefringhausen*, Ztschr. f. evang. Ethik 1969, 112.

[39] Über den späteren Siedlungsverband Ruhrkohlenbezirk *Neufang*, DÖV
1963, 812 ff.

Raumordnung in die Ordnung einer Privatrechtsgesellschaft eingebettet werden kann.

So zeigt sich, daß es nicht eine unbedachte Deklaration, sondern eine Entscheidung für eines von mehreren zur Wahl stehenden Konzepten darstellt, wenn das Raumordnungsgesetz des Bundes die Herbeiführung einer Entwicklung, „die der freien Entfaltung der Persönlichkeit in der Gemeinschaft am besten dient", als Aufgabe der Raumordnung bezeichnet. Gerade dann aber, wenn man das im Raumordnungsgesetz des Bundes zum Ausdruck gekommene Verhältnis der Raumordnung zur Privatrechtsgesellschaft als Resultat einer Entscheidung und nicht bloß als Ergebnis eines mühselig gezimmerten Nebeneinanders von an sich Gegensätzlichem begreift, ist es geboten, die Regelung der Raumordnung so auszugestalten und zu interpretieren, daß die Anerkennung der Privatrechtsgesellschaft auch bei allen Detailproblemen ihren Niederschlag findet. Das gilt vor allem im Hinblick auf das Verhältnis der Raumordnung zum Individualeigentum an Liegenschaften.

IV. Raumordnung und Liegenschaftseigentum

Wenngleich der Schwerpunkt der gesellschaftlichen Bedeutung der Raumordnung bei den überörtlichen Konzeptionen liegt, während die Mehrzahl der Konflikte zwischen Eigentumsordnung und Raumplanung der örtlichen Raumordnung — also der Erstellung von Flächenwidmungsplänen und Verbauungsrichtlinien — entstammt, bildet doch die Gretchenfrage „Wie hältst Du's mit dem Eigentum?" den Schlüssel zur Relation zwischen Raumordnung und Privatrechtsgesellschaft. So wird in der Botschaft des schweizerischen Bundesrates vom 26. 1. 1972 zum Entwurf eines Bundesentschlusses über dringliche Maßnahmen auf dem Gebiete der Raumplanung gesagt:

„Jede staatliche Raumplanung muß in das Grundeigentum und in andere private Rechte eingreifen. Das Interesse an einer wirksamen Planung kollidiert mit dem Interesse an einer möglichst weitgehenden Erhaltung der Verfügungsmacht des Grundeigentümers. Beide Interessen sind an sich schutzwürdig. Die Knappheit des verfügbaren Bodens ruft nach einer Ordnung, die dessen zweckmäßige Verwendung gewährleistet. Andererseits stellt die Gewährleistung des privaten Grundeigentums einen der Grundpfeiler unseres freiheitlichen Staates dar. Auf dem Gebiet der Raumplanung ist es eine besonders schwierige Aufgabe, die Grenze zwischen Ordnung und Freiheit richtig zu ziehen. Nach der Auffassung des Bundesrates liegt die richtige Lösung ungefähr in der Mitte zwischen einer extrem liberalen und einer extrem etatistischen Auffassung. Auch hier gilt der Grundsatz der Verhältnismäßigkeit. Die Freiheit des Grundeigentums soll nicht mehr als notwendig eingeschränkt werden. Andererseits sollen alle notwendigen Einschränkungen möglich sein."

So sympathisch diese Stellungnahme in ihrer Offenheit, ihrer Ausgewogenheit und ihrer Sachlichkeit ist, sie endet bei einer wertlosen Leerformel. Sätze wie „Soviel Freiheit wie möglich, soviel Ordnung wie nötig" verdecken zu entscheidende Sachfragen nicht ungefährlicher als das vielgeschmähte suum cuique der Naturrechtslehren. So wenig man weiß, was jeder als das Seine zu erhalten hat, so wenig wird deutlich, wann und weshalb eine Einschränkung des Grundeigentums als notwendig anzuerkennen ist.

Den zu ausgleichenden Formulierungen des Bundesrates der Schweiz können die stark kontrastierenden Aussagen in einem Gutachten der (österreichischen) Sozialwissenschaftlichen Arbeitsgemeinschaft[40] gegenübergestellt werden. Dieses Votum qualifiziert die Entwicklung des Grundverkehrsrechts, der agrarischen Marktordnung, des Forst- und Wasserrechts, aber auch des Naturschutzes und der Raumordnung als Ansatz zur Restauration eines öffentlichen Obereigentums an Grund und Boden, als Renaissance des dominium eminens. Diese Diagnose, für die sich die Autoren der Studienarbeit auch auf Beobachtungen von Franco Negro[41] stützen können, bezeichnet jedoch nur eine mögliche, nicht aber eine zwangsläufige Konsequenz der Anerkennung und rechtlichen Ausgestaltung des Raumordnungsgedankens.

Die These, die Raumordnung führe zum dominium eminens zurück, träfe zu, stünde es im Belieben der einfachen Gesetzgebung, durch Nutzungsbindungen den Eigentumsinhalt zu beschränken und damit auch die Eigentumsordnung zu ver-

---

[40] „Funktionen und Schranken des Grundeigentums in der heutigen Rechtsordnung", SWA-Studienarbeit.

[41] Das Eigentum (1963) 227.

ändern[42]. Solches Belieben wird zwar gelegentlich von Fachleuten der Raumplanung postuliert[43], es ist aber mit einem Grundrechtsschutz des Eigentums unvereinbar[44]. Daher muß eine von materialen Kriterien konstituierte Grenze zwischen Inhaltsbestimmungen des Eigentums, in denen die einfache Gesetzgebung frei ist, und Eigentumsbeschränkungen, die so weit gehen, daß schon der Grundrechtsbereich tangiert ist, gefunden werden. Man mag versuchen, diese Grenze einem Wesensgehalt des Eigentums zu entnehmen, man kann aber auch nach der Art des Eingriffs differenzieren und allgemeine Eigentumsbeschränkungen anders behandeln als Sonderopfer von Einzelnen und von Gruppen. In jedem Fall wäre es äußerst unglücklich, die Diskussion über das Verhältnis zwischen Raumordnung und Eigentumsordnung in eine mehr oder weniger begriffsjuristische Auseinandersetzung über die Grenzen zwischen Enteignung und Inhaltsbeschränkung des Eigentums münden zu lassen. Dem Resultat eines solchen Vorgehens müßte nicht nur grundsatzlose Kasuistik[45], sondern auch Problemferne vorgeworfen werden. Die Auseinandersetzungen über die Grenze zwischen dem einfachgesetzlich bestimmbaren Eigentumsinhalt und dem grundrechtlich gewährleisteten Bereich sind nicht von Problemstellungen der Raumordnung ausgegangen. Die in dieser Diskussion entwickelten Argumente und Kriterien werden den spezifischen Problemen der Raumordnung nur zum Teil gerecht. Daher ist es angezeigt, nach einem *neuen Denkansatz* zu suchen. Dieser kann, wie ich meine, beim *Konzept einer gegenüber der Eigentumsverfassung neutralen Raumordnung* gefunden werden.

Wir haben uns daran gewöhnt, von „Wandlungen der Eigentumsverfassung" zu sprechen[46]. Solche Wandlungen finden ge-

---

[42] Zur Relation zwischen Eigentumsbegriff und Eigentumsordnung (aus schweizerischer Sicht) *Liver*, Gedenkschrift Gschnitzer (1969) 247 ff.

[43] So für Österreich von *Unkart*, Jur. Blätter 1966, 298 ff.; gegen ihn aber *Koziol*, Jur. Blätter 1966, 333 f.

[44] Richtig *Korinek*, Verfassungsrechtliche Aspekte der Raumplanung (1971) 49 ff.; J. H. *Kaiser*, Verfassungsrechtliche Eigentumsgewähr, 1960; Werner *Weber*, in: Die Grundrechte (Neumann-Nipperdey-Scheuner) II 348 ff.

[45] Lehrreich ist dazu die Zusammenstellung der „Einzelfälle der Abgrenzung zwischen Inhaltsbeschränkung des Eigentums und Enteignung" im „Handwörterbuch der Raumforschung und Raumordnung" Bd. 1 (1970) 530—533.

[46] Vgl. *Westermann*, Sachenrecht 5(1966) 116.

wiß statt. Weitere werden postuliert — von den einen mäßig, von den anderen radikaler. Die Postulate und die schon statt-findenden Veränderungen beruhen zu einem guten Teil auf Gerechtigkeitsvorstellungen, die sich gegen die bisherige Eigen-tumsordnung wenden. Ob diese Vorstellungen auf Mittelstands-politik und Streben nach Eigentumsstreuung oder auf der Über-zeugung, an Produktionsmitteln dürfe es nur gesellschaftliches Eigentum geben, beruhen, macht für unser Problem keinen Unterschied. Für uns nämlich kommt es allein darauf an, ob man die Ausgestaltung der Raumordnung zu einem Teil der Wandlungen der Eigentumsverfassung werden läßt und sich ihrer sogar als Motor weiterer Veränderung bedient oder ob man versucht, eine gegenüber der Eigentumsverfassung neutrale Regelung der Raumordnung zu entwerfen. Neutralität gegen-über der Eigentumsordnung bedeutet dabei nicht Verzicht auf jede Eingriffsmöglichkeit. Vielmehr meint die Forderung nach Neutralität der Raumordnung gegenüber der Eigentumsverfas-sung, daß von der Raumordnung her die Entwicklung der Eigentumsordnung weder beschleunigt noch retardiert wird. Eine gewisse Entsprechung zu diesem Neutralitätsbegriff läßt sich in der Volkswirtschaftslehre mit dem Begriff der geldwert-neutralen Maßnahme antreffen.

Nur die Entscheidung für eine gegenüber der Eigentumsver-fassung neutrale Regelung der Raumordnung wird der Einsicht gerecht, daß der Raumordnungsgedanke nicht an ein bestimmtes gesellschaftliches System gebunden ist, sondern sowohl in markt-wirtschaftlichen Privatrechtsgesellschaften wie in sozialistischen Planwirtschaften Anerkennung finden kann. Neben dieser grundsätzlichen Überlegung ist eine pragmatisch-taktische anzu-stellen: Man erweist dem Raumordnungsgedanken einen sehr schlechten Dienst, wenn man ihn zum Vehikel von Bestrebun-gen, eine bestehende gesellschaftliche Ordnung zu ändern, macht. Auf diese Weise macht man nur die Gegner der angestrebten Veränderung zu Opponenten des Raumordnungsgedankens. Zu-gleich verringert man die Realisierungschancen der Raumord-nungskonzepte, um die es geht. Raumordnung, die erfolgreich sein will, hat von der Wirtschafts- und Sozialstruktur auszu-gehen, in der sie wirksam werden soll. Es wäre absurd, in einer sozialistischen Gesellschaft die Raumordnungspolitik so zu ge-stalten, daß sie zu einer partiellen Restauration des individuellen Liegenschaftseigentums führt. Ebenso absurd aber ist es, in einer marktwirtschaftlichen Privatrechtsgesellschaft die Raumordnung zu einem Schritt zur Vergesellschaftung des Bodens werden zu lassen. Zweckrational kann nur eine Raumordnung sein, die darauf verzichtet, die vorgefundene Eigentumsverfassung in Frage zu stellen. Dies wird nicht gesagt, weil diese Eigentumsverfassung als solche billigenswert wäre, sondern deshalb, weil die Raumordnung trotz ihrer eminenten gesellschaftlichen Bedeutung kein adäquates Instrument zur Änderung der Eigentumsverfassung ist, andererseits aber als Raumordnung scheitern muß, wenn man die, die an der bestehenden Eigentumsverfassung festhalten wollen, gegen den Raumordnungsgedanken mobilisiert.

Das Postulat, ein gegenüber der Eigentumsverfassung neutrales Raumordnungskonzept zu entwerfen, beruht also durchaus nicht auf einer Unterschätzung der gesellschaftlichen Notwendigkeit einer kräftigen und effektiven Raumordnung. Es versucht vielmehr, die Konsequenz aus der Einsicht in diese Notwendigkeit zu ziehen. Der in der Raumordnung liegenden Aufgabe wird man am besten gerecht, wenn man verhindert, daß die Raumordnung als Triebkraft einer Metamorphose des Eigentums zur Diskussion gestellt werden kann.

Das positive deutsche Recht enthält wichtige Ansätze zu einem eigentumsneutralen Verständnis der Raumordnung. Das gilt namentlich für die örtliche Raumplanung. So haben sich Bauleitpläne nicht nur den Zielen der Raumordnung und Landesplanung anzupassen (§ 1, Abs. 3 BBauG), sondern sollen auch die Eigentumsbildung im Wohnungswesen fördern (§ 1, Abs. 4, S. 3 BBauG). Es kann also keine Rede davon sein, daß die Raumordnung notwendigerweise dazu tendiere, individuelle Eigentümerbefugnisse durch gesellschaftliche Dispositionen abzulösen. Sie kann vielmehr auch so ausgestaltet werden, daß die freie Entfaltung der Persönlichkeit, von der § 1 des Raumordnungsgesetzes des Bundes spricht, im Rahmen einer Privatrechtsgesellschaft erfolgt.

V. Konsequenzen

Die Diskussion von Grundsatzfragen hat uns dazu geführt, die Vereinbarkeit von Raumordnung und Privatrechtsgesellschaft zu erkennen und die Zweckmäßigkeit einer gegenüber der

Eigentumsordnung neutralen Raumordnungspolitik einzusehen. Darüber, welche Konsequenzen aus diesen beiden grundsätzlichen Klarstellungen zu ziehen sind, kann man aber doch recht verschiedener Meinung sein. Verfehlt wäre die Annahme, das Prinzip der Neutralität gegenüber der Eigentumsordnung verbiete alle Enteignungen und Eigentumsbeschränkungen zu Zwecken der Raumordnung. Ohne derartige Maßnahmen kann keine Raumordnung auskommen — nicht einmal eine, die sich auf Leitlinien von überörtlicher Bedeutung beschränkt. Doch muß sich jeder raumordnerische Eingriff in Eigentumsverhältnisse drei Fragen stellen:

a) nach der Art des Ersatzes

b) nach dem Ausmaß des Ersatzes

c) nach dem Ausmaß der Beteiligung der Betroffenen an dem zum Eingriff führenden Verfahren.

Will eine Regelung der Raumordnung versuchen, gegenüber der bestehenden Eigentumsordnung neutral zu bleiben, so wird sie dem *Grundsatz des Realersatzes* den Vorzug gegenüber dem Geldersatz geben müssen. Das Prinzip des Realersatzes hat seinen hauptsächlichen Anwendungsbereich bei völligen Eigentumsentziehungen, kann aber mitunter auch auf Fälle von Eigentumsbeschränkungen übertragen werden. Die unbestreitbaren Unterschiede zwischen dem Recht des Schadenersatzes und den Entschädigungsgrundsätzen für Enteignungen und Eigentumsbeschränkungen stehen einer Übertragung des Grundsatzes, daß der Naturalrestitution ein Vorrang gegenüber dem Geldersatz zukomme, nicht zwingend entgegen. An kräftigen positivrechtlichen Ansätzen fehlt es nicht: So sieht § 100, Abs. 1 des Bundesbaugesetzes Entschädigung in Land vor, wenn der Enteignete zur Sicherung seiner Berufs- bzw. Erwerbstätigkeit auf Ersatzland angewiesen ist[47]. In der Schweiz und in Österreich hat der Realersatz vor allem in der Ordnung der Baulandumlegung breite Anerkennung gefunden[48]. Vom schweizerischen Bundesgesetz über die Raumplanung wird dagegen nur Geldersatz vorgesehen. In Österreich sieht bloß das steierische Landesgesetz über Flächennutzungs- und Bebauungspläne Real-

[47] Dazu *Fischer*, Der Rechtsanspruch auf Naturalentschädigung bei der Enteignung von Grundstücken, Freiburger Diss. 1964.
[48] Vgl. *Steiner*, Die Baulandumlegung, dargestellt nach schweizerischem Recht (1968) 69 ff.

ersatz vor. Dieser ist aber nicht Anspruch des in seinem Eigentum Betroffenen, sondern Inhalt einer Ersetzungsbefugnis der Gemeinde, die die Möglichkeit erhalten soll, der Verpflichtung zu einer hohen Geldentschädigung zu entgehen. Regelungen und Entwürfe zur Bodenbeschaffung bei Stadtsanierung und Städtebauförderung zeigen sich dem Realersatz aufgeschlossener[49]. Ein Allheilmittel ist er aber in der Tat nicht: Zwar mindert er ebenso wie die Verankerung von Reprivatisierungspflichten die Gefahr der Bildung einer neuen „toten Hand" durch Häufung von Liegenschaftseigentum in der Hand von Gebietskörperschaften, er kann aber auch zur Entstehung von neuem Bodenbedarf führen. § 85, Abs. 1, Z. 3 und 4 des Bundesbaugesetzes erhebt die Beschaffung von Ersatzland sogar zum Enteignungszweck. Die Bemühungen um eine gegenüber der Eigentumsverfassung neutrale Raumordnung dürfen sich daher nicht völlig auf den Realersatz konzentrieren. Dieser ist nur unter bestimmten Voraussetzungen (vor allem: ausreichender Bodenvorrat des Hoheitsträgers, von dem der Eingriff ausgeht) und in bestimmten Grenzen zielführend.

Die Grenzen der Leistungsfähigkeit des Grundsatzes der Naturalrestitution potenzieren die Problematik der allenthalben begegnenden Versuche, die Ersatzpflichten gegenüber Planungsbetroffenen zu limitieren. Diese Versuche sind längst von ihrem legitimen Ausgangspunkt — der Verhinderung von Planungsgewinnen[50] — abgegangen und zu empfindlichen Abstrichen gegenüber den sonst anerkannten Wertbemessungsgrundsätzen gelangt. Das dabei eingesetzte Instrumentarium reicht von der Wahl des Berechnungsstichtages über die Abstraktion von den Kosten der Wiederbeschaffung[51] eines vergleichbar zu nutzenden Bodens bis zur Verdrängung des wahren Wertes durch eine billige Entschädigung oder durch einen bloßen Aufwandersatz. Einige österreichische Landesgesetze haben sich sogar offen für den Wegfall einer Entschädigungspflicht bei raumordnerischen

---

[49] Vgl. § 22, Abs. 3 des deutschen Städtebauförderungsgesetzes und § 29 des österreichischen Entwurfs eines Assanierungs- und Bodenbeschaffungsgesetzes.
[50] Vorbehalte gegen die Abschöpfung von Planungsgewinnen trägt *Langer*, Wirtschaftspolitische Blätter 1971, 87 ff. vor.
[51] Gegen eine Orientierung an Wiederbeschaffungskosten auch Art. 57 des schweizerischen Gesetzes, das überdies Inkonvenienzentschädigungen ablehnt; vgl. aber die Argumente von *Ditters*, NJW 1965, 2179 ff.

26

Eigentumsbeschränkungen entschieden. Dabei lag weniger Kritik an der bisherigen Eigentumsordnung zugrunde als die Befürchtung, ohne radikale Beschneidung aller Entschädigungsansprüche müsse die Raumordnung an ihren Kosten scheitern (so die Väter des oberösterreichischen Raumordnungsgesetzes). Diese Befürchtung, der Realismus nicht abgesprochen werden kann, übersieht jedoch, daß die Eliminierung von Ausgleichsansprüchen nicht der einzige und wohl auch nicht der adäquate Weg ist, um das Kostenproblem der Raumordnung zu bewältigen. Der Einsicht in die eminente gesellschaftliche Bedeutung der Raumordnung — der überörtlichen ebenso wie der örtlichen — ist nicht die Statuierung von Sonderopfern, sondern die zureichende budgetäre Ausstattung der Planungsträger kongruent. Dieser steht bisher nicht zuletzt die zähe Verteidigung föderalistischer Positionen entgegen. Kompetenzverlagerung zugunsten finanziell besser stehender Planungsträger — also Zentralisierung der Raumordnung — ist aber keine unabweisliche Alternative zur Limitierung der Ausgleichspflichten lokaler Instanzen. Eine andere und bessere Lösung kann durch Entwicklung neuer Kooperationsmechanismen gefunden werden[52]. Die Limitierung der Ausgleichsansprüche überschreitet nur zu leicht die Grenzen einer gegenüber der Eigentumsordnung neutralen Raumordnung. Die Kompetenzverlagerung zum finanziell stärkeren Planungsträger hin mag zwar die Eigentumsordnung weniger tangieren; wie leicht sie jedoch zur Aushöhlung des Bundesstaates führt, lehrt ein Blick auf die Zielkataloge der Raumordnung, die oft von Regierungsprogrammen kaum noch zu unterscheiden sind.

Der Realersatz hat seine Grenze an der Quantität des verfügbaren Ersatzlandes, der volle Geldausgleich an den beschränkten Mitteln der Planungsträger. Die verbleibende Lücke kann, wenn man Eigentumsordnung und Privatrechtsgesellschaft wahren will, nur durch Konsens geschlossen werden. Aus dieser Einsicht erhellt die eminente Bedeutung der Forderung nach *Demokratisierung der Raumordnung*[53]. Bei ihr geht es nicht einfach um

---

[52] Dazu vorzüglich *Pernthaler*, Föderalistische Probleme der Raumordnung, in: Berichte zur Raumforschung und Raumplanung 13 (1969) 3 ff.; über die Bedeutung des Koordinationsgedankens für die Raumordnung *Dietrichs-Hübler*, DÖV 1969, 650 f.; *Schäffer*, Koordination in der öffentlichen Verwaltung (1971) 62 ff.
[53] Dazu insbesondere *von Schrötter*, in: Die Verwaltung 4 (1971) 127 ff.

eine weitere Applikation des heute allenthalben anzutreffenden Demokratisierungspostulates. Vielmehr soll die Beteiligung aller potentiell Planungsbetroffenen an allen Stadien des Planungsverfahrens und die Erschließung eines Maximums an Diskussions- und Einspruchsmöglichkeiten dazu helfen, Widerstände gegen raumordnerische Maßnahmen zu überwinden, die einerseits unabweislich geboten erscheinen, andererseits aber Opfer fordern, die weder durch Land noch durch Geld ausgeglichen werden können. Nichts ist für die Etablierung einer effektiven Raumordnung schädlicher als der kurzsichtige Versuch, durch begriffsjuristische Distinktionen die Reaktionen der Planungsbetroffenen in eine Zeit abzudrängen, zu der die Würfel schon gefallen sind[54]. Ich übersehe nicht, daß Fachleute der Raumplanung von solchen Demokratisierungsversuchen befürchten, daß ein ihnen schon bisher mühselig genug scheinender Hürdenlauf durch Instanzen noch verlängert werden wird. Doch sollte jeder, dem am Raumordnungsgedanken als solchem und nicht nur am Augenblickserfolg gelegen ist, auch sehen, daß die Raumplanung ohnedies Gefahr läuft, in unsere Gesellschaft mehr Heteronomie und Obrigkeit als mehr Autonomie und Demokratie hineinzutragen. Um dieser Gefahr zu begegnen, sollte neben das Recht auf Einsicht in Planentwürfe eine Pflicht zu deren öffentlicher Erörterung treten; vor allem aber ist eine Pflicht der Planersteller zu verankern, in Planbegründungen zu den Argumenten Stellung zu nehmen, die von Planbetroffenen vorgetragen worden sind[55]. Aufsichtsrechte von relativ unabhängigen Kontrollinstanzen könnten verhindern, daß sich die zur Planbegründung Verhaltenen auf Formalargumente zurückziehen. Die grundsätzliche Möglichkeit regionaler Abstimmungen über Planungsalternativen sollte geschaffen werden. Solche Form des Befindens über raumordnerische Konzepte muß dem Anspruch des Sachverstandes, den die Fachleute der Raumordnung erheben, zwar oft zuwiderlaufen. Doch ist daran zu erinnern, daß die Privatrechtsgesellschaft wesentlich auf dem Prinzip der Gleichheit beruht[56]. Anders als der Marxismus er-

[54] Über die Relation zwischen Rechtsschutz und vollendeten Tatsachen treffend *Blümel*, Festgabe f. Forsthoff (1967) 133 ff.
[55] Eine solche Begründungspflicht fehlt etwa in der sonst recht ansprechenden Regelung des niederösterreichischen Raumordnungsgesetzes.
[56] Über den unversöhnlichen Gegensatz zwischen Marktwirtschaft und Privilegiensystemen *Böhm*, Ordo 1966, 110 ff.

hebt die Privatrechtsgesellschaft nicht den Anspruch, es sei möglich, das gesellschaftlich Richtige wissenschaftlich zu ermitteln. Sie ist daher für ihre Entscheidungsprozesse auf Mehrheitsbildung angewiesen. Überantwortet man dieser die Grundsätze der Haushalts- und der Wehrpolitik, so steht auch in der Raumordnung die Bedeutung des Sachverstandes nicht der Einschaltung politischer Willensbildungsprozesse entgegen.

Der von der Mehrheit gewonnene Konsens bedeutet freilich nicht auch die Zustimmung des einzelnen Planungsbetroffenen. Es wäre gewalttätig, den herbeigeführten Gemeinwillen als das Wollen jedes einzelnen zu qualifizieren, der mitstimmen konnte. Gegenüber dem, dem weder Realersatz noch voller Wertausgleich geboten werden kann und dessen Konsens nicht gewonnen werden konnte, muß die Raumordnungspolitik jene Instrumente einsetzen, die ihr jenseits der Bodennutzungsordnung zur Verfügung stehen. So groß die Bedeutung der Zonierung des Bodens ist, die Aufgaben und Möglichkeiten der Raumordnung erschöpfen sich hierin nicht. Wirksame Raumordnung muß auch über struktur- und verkehrspolitische Instrumente verfügen, sie kann ohne Regionalisierung von Budgetmitteln kaum auskommen. Mit diesen jenseits der Bodenordnung liegenden Gestaltungsmöglichkeiten sind jene Differenzen zwischen den Aufgaben der Raumordnung und den fundamentalen Prinzipien der Eigentumsverfassung einer Privatrechtsgesellschaft auszugleichen, die nach Ausschöpfung der Möglichkeiten des Realersatzes, des Wertausgleichs und der Demokratisierung der Planerstellung verbleiben.

Einfacher wird die bei der Verwirklichung raumordnerischer Konzepte gestellte Aufgabe durch die vorgetragenen Gedanken gewiß nicht. Ein Mehr an Mühe und auch ein Mehr an Kosten zeichnet sich ab. Als Vorteil steht dem die Chance gegenüber, die Raumordnung aus dem Kräftespiel um die Eigentumsordnung zu lösen und zu einem Unternehmen zu machen, dem sich auch eine Privatrechtsgesellschaft vorbehaltlos verschreiben kann. Die Bedeutung, die der Raumordnungsaufgabe zukommt, gebietet es, diese Chance nicht ungenützt zu lassen.

Schriftenreihe der Juristischen Gesellschaft e. V. Berlin

Mitglieder der Gesellschaft erhalten eine Ermäßigung von 30 %

Heft 1: **Montesquieu und die Lehre der Gewaltentrennung.** Von Prof. Dr. Max Imboden. IV, 25 Seiten. 1959. DM 4,—

Heft 2: **Das Problem des Richterstaates.** Von Prof. Dr. Fritz Werner. IV, 26 Seiten. 1960. Neuauflage geplant.

Heft 3: **Der deutsche Staat als Rechtsproblem.** Von Dr. Adolf Arndt. IV, 46 Seiten. 1960. DM 6,80

Heft 4: **Die Individualisierung der Strafen und Maßnahmen in der Reform des Strafrechts und des Strafprozesses.** Von Prof. Dr. Ernst Heinitz. IV, 28 Seiten. 1960. DM 4,—

Heft 5: **Parkinsons Gesetz und die deutsche Verwaltung.** Von Prof. Dr. Carl Hermann Ule. IV, 37 Seiten. 1960. Neuauflage geplant.

Heft 6: **Über Wesen, Technik und Grenzen der Verfassungsänderung.** Von Prof. Dr. Karl Loewenstein. 64 Seiten. 1961. DM 8,—

Heft 7: **Grundgesetz und Internationalprivatrecht.** Von Prof. Dr. Günther Beitzke. 37 Seiten. 1961. DM 5,—

Heft 8: **Mißverständnisse um den Föderalismus.** Von Prof. Dr. Willi Geiger. IV, 32 Seiten. 1962. DM 5,—

Heft 9: **Staatsangehörigkeit und Staatenlosigkeit im gegenwärtigen Völkerrecht.** Von Dr. Dr. Paul Weis. IV, 28 Seiten. 1962. DM 5,—

Heft 10: **Die Lehre von der Willensfreiheit in der strafrechtsphilosophischen Doktrin der Gegenwart.** Von Prof. Dr. Dr. h. c. Karl Engisch. 2., unveränderte Auflage. IV, 66 Seiten. 1965. DM 10,—

Heft 11: **Gedanken zur Reform des Aktienrechts und des GmbH-Rechts.** Von Prof. Dr. Dr. h. c. Alfred Hueck. IV, 24 Seiten. 1963. DM 5,—

Heft 12: **Probleme einer Neugliederung des Bundesgebietes.** Von Dr. Hans Schäfer. IV, 31 Seiten. 1963. DM 6,—

Heft 13: **Staatsbild und Verwaltungsrechtsprechung.** Von Prof. Max Imboden. IV, 17 Seiten. 1963. DM 4,—

Heft 14: **Das Verhältnis von Kirche und Staat in der Bundesrepublik.** Von Prof. Dr. Paul Mikat. IV, 24 Seiten. 1964. DM 5,—

Heft 15: **Strukturwandlungen der modernen Demokratie.** Von Prof. Dr. jur. Ernst Forsthoff. 25 Seiten. 1964. DM 5,—

Fortsetzung 3. Umschlagseite

Fortsetzung der 2. Umschlagseite

Fortsetzung 4. Umschlagseite

Fortsetzung der 3. Umschlagseite

ISBN 3 11 004276 2